POLYXÈNE,

TRAGÉDIE.

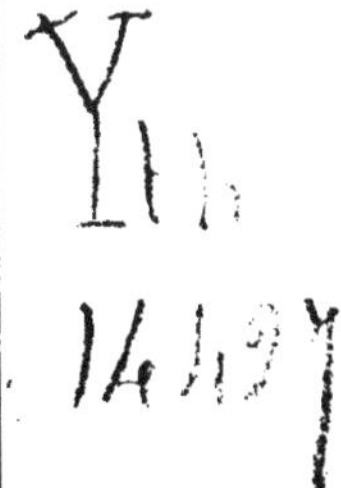

POLYXÈNE,

TRAGÉDIE EN TROIS ACTES,

ET EN VERS,

Représentée pour la première fois sur le Théâtre-François, le 23 nivôse, an 12.

PAR M. AIGNAN.

Ilion, ton nom seul a des charmes pour moi.
LAFONTAINE.

DE L'IMPRIMERIE D'A. ÉGRON,
RUE DES NOYERS.

A PARIS,
CHEZ LES MARCHANDS DE NOUVEAUTÉS.
AN XII. — 1804.

AVANT-PROPOS.

Le projet d'exciter un violent tumulte à la première représentation de cette pièce, a été manifestement conçu et scandaleusement exécuté. Huit ou dix de ces turbulens, que Gresset appelle *insectes et tyrans du parterre*, se sont établis les dominateurs de l'assemblée; ils ont révolté, par leurs excès, tous les spectateurs honnêtes; et les journaux, même les plus sévères, se sont fait un devoir de répéter le cri de l'indignation universelle.

Qu'il me soit permis d'insister sur le préjudice que causent aux lettres ces dégoûts dont leur culture est abreuvée. Une anecdote, que l'on chercheroit vainement dans les historiens anciens, mais qui pourtant est très-authentique, aura plus de poids que tous les lieux communs dans lesquels je pourrois me jeter.

César, l'un des savans les plus éclairés, en même temps que le plus grand capitaine et le premier homme d'état de son siècle, César venoit d'honorer de sa présence la première représentation d'une tragédie nouvelle. Ce grand homme, qui vouloit qu'il naquît des Virgile et des Horace dans cette Rome qu'il avoit fait la maîtresse du monde, s'étoit promis d'examiner avec intérêt le premier essai d'un jeune poëte; mais au lieu du délassement calme qu'il étoit allé chercher, il n'avoit trouvé qu'un affreux tumulte, et n'avoit entendu, à la place d'une tragédie, que des cris et des hurlemens. Rentré dans son palais avec Antoine, Cicéron, Sosigène, et quelques autres personnages illustres, il s'affligea de ce qu'il venoit de voir. « Une tragédie, dit-il, à ceux

» qui l'entouroient, mérite toujours qu'on l'entende et » qu'on la juge avec calme. Le public, sans recourir » à de violentes exécutions, a bientôt mis à leur place » toutes les productions de ce genre, qui lui sont sou- » mises. » Cicéron ajouta : « Si ce désordre continue, n'espérons pas d'avoir jamais des Sophocle et des Euripide. » Et les Romains n'eurent en effet qu'un Sénèque.

Cependant la persécution suscitée contre Polyxène n'a pas été sans avantage pour son auteur; il en est résulté d'abord en sa faveur un redoublement assez général d'intérêt. Chacun s'est dit : Autrefois on tendoit une main secourable au jeune athlète qui descendoit pour la première fois dans la lice; aujourd'hui l'on se fait un jeu barbare de sa chute, ou plutôt on s'y prend de manière à la rendre inévitable. Voilà ce que tout le monde a répété : c'est affreux, s'écrioit-on de toutes parts; oui, mais pourtant il est tombé, ajoutoit-on l'instant d'après; et cette dernière impression, trop habilement calculée de la part de ceux qui ont ourdi leur trame, a été bientôt la seule qui ait subsisté dans les esprits. Il a été facile de s'en apercevoir aux représentations suivantes. A la vérité, un public attentif et calme a consolé l'auteur par de nombreux applaudissemens; à la vérité, les gens instruits ont daigné accorder un peu d'estime à un essai dans lequel ils ont cru démêler la trace de quelques saines études, et le germe de quelques espérances; mais cette indulgence même n'a pas été dégagée des préventions défavorables que laissoit le premier jugement; la cause, au lieu d'être évoquée entre le public et l'auteur, l'a été entre l'auteur et ses ennemis; on a cru être juste en n'accordant pas à ceux-ci précisément tout ce qu'ils vouloient; on s'est érigé en tribunal académique pour juger la pièce, hémistiche par hémistiche; on a condamné le sujet à cause de sa ressemblance avec Iphigénie; cependant Euripide qui a fait l'Iphigénie grecque, a fait aussi une Polyxène. On a trouvé l'ouvrage trop simple, et même un peu nu, surtout au dernier acte, et je souscris à cet arrêt; mais ce défaut qui, peut-être étoit inévitable, auroit moins frappé et n'auroit pas paru, je pense, destructif de tout intérêt, si l'on s'étoit livré avec plus d'abandon aux situations qui préparent la catastrophe, et si les spectateurs les plus judicieux et les plus impartiaux n'avoient pas, sans s'en apercevoir, subi jusqu'à un certain point l'influence des agitateurs.

C'étoit quelque chose pour ceux-ci qu'un pareil succès; ce n'étoit point encore assez : il paroît que la tactique du jour est de tâcher de tuer l'auteur, afin de tuer plus sûrement son ouvrage. Fables absurdes et contradictoires, pamphlets, lettres anonymes, tous les vils moyens de la méchanceté ont été mis en usage; je ne voulois pas croire à cet odieux et inconcevable déchaînement; mais j'ai lu, j'ai entendu. C'est une affligeante découverte pour quiconque cherche à se distinguer dans les arts, que de voir qu'il lui faut faire, à des goûts autrefois honorés, le sacrifice de son repos et presque de sa réputation. Oui, j'en ai acquis la preuve; en vain des fonctions honorables, des amis distingués, l'amour de l'étude et de la retraite, l'abnégation absolue de toute prétention, le respect le plus scrupuleux de vous-même dans votre conduite, dans vos relations, dans vos écrits, formeront-ils autour de vous une barrière, pour ainsi dire, sacrée; malgré tout cela, et peut-être même à cause de tout cela, dès que vous éveillerez l'envie, vous serez en butte à ses plus cruelles attaques : plus vous mériterez d'égards, et moins vous en obtiendrez. Si votre caractère, vos principes, votre position vous permettoient de descendre aux basses ressources de l'intrigue, ceux à qui elles sont familières vous haïroient moins, et vous craindroient davantage; mais ils perdent toute mesure, lorsqu'ils voient dans votre conduite la censure de la leur, et dans votre modération le gage de leur impunité.

Que j'étois loin de savoir, en offrant sur les autels des Muses mon premier encens, combien leurs sourires sont cruels et quelle amertume doit un jour en empoisonner la douceur ! Je n'avois pas vingt ans, et déjà, sous la sanglante olygarchie, j'avois mérité les honneurs de la proscription. Je trouvai un asile à Meung-sur-Loire, dans la retraite du célèbre et malheureux Olavidès *. Ce vénérable vieillard avoit pour moi la tendresse d'un père, et, en retour, je lui offrois tout le respect et tout l'amour d'un fils. Sa taille et sa figure majestueuse, l'aimable gravité de ses discours, le feu du génie qui étinceloit encore dans ses yeux, des restes même de la fierté castillane tempérés par une piété douce et tolérante, tout cela parloit puissamment à mon imagination. Jamais Télémaque ne goûta un charme plus doux dans les entretiens de Termosiris ; jamais il ne prêta une oreille plus attentive à ses sages leçons. Transporté par la beauté des lieux que j'habitois et par le calme profond dont ils jouissoient au milien de la tourmente révolutionnaire, je fis éclore, sous les yeux de mon vieil et illustre ami, les premiers essais d'une muse timide qu'il ne dédaigna pas d'encourager.

Bientôt une occasion se présenta de me produire au grand jour. L'horizon politique s'étoit éclairci par degrés. Cette municipalité d'Orléans qui, sous le régime directorial, se montra plus d'une fois la consolatrice des opprimés, venoit de commencer l'exercice de ses fonctions, et elle m'avoit associé à ses travaux en qualité de secrétaire. Elle voulut jeter quelques fleurs sur la tombe des victimes enlevées à la ville d'Orleans dans les jours du deuil, et pour récompenser en moi quelques

* Ancien vice-roi de la Sienna-Morena, connu en France sous le nom de comte de Pilos. Il vient de mourir en Espagne où il avoit été rappelé, après avoir été proscrit pendant plus de vingt ans par l'inquisition.

actes de dévoûment qui portoient avec eux leur récompense, elle daigna me confier ce ministère honorable de piété publique. Je l'ai rempli avec courage, ou plutôt avec enthousiasme; et quoiqu'il m'ait suscité d'implacables ennemis, je m'en applaudirai toujours. Il est impossible de décrire l'impression que produisirent les vers suivans lorsqu'ils furent dits sur le théâtre d'Orléans par M. Talma, qui, sur l'invitation des magistrats, étoit venu embellir de son talent cette cérémonie funèbre :

Parens infortunés, qu'une trompeuse paix
Loin de ces lieux d'horreur nourrit dans l'espérance,
Quels soins, quels tendres soins consolent votre absence ?
Vous étendez les bras vers des objets chéris;
L'épouse à son époux, et la mère à son fils
Préparent en secret des plaisirs et des fêtes.
Des fêtes, des plaisirs! quand déjà sur leurs têtes
La mort plane, et contr'eux épuisant son courroux,
Semble, pour les frapper, multiplier ses coups.
O déchirante image! ô souvenir funeste!
Je me trouble.... Ah! comment, comment peindre le reste?
Dans le char de la mort je les ai vu couchés,
Chargés de fers, les yeux à la terre attachés.
. . . .
Tout à coup, d'une femme éplorée, éperdue,
Les lamentables cris font retentir la nue.
« C'est lui-même, c'est lui; barbares, laissez-moi;
» Cher époux, je te suis, et j'expire avec toi. »
L'un de ces malheureux, d'une voix affoiblie :
« Je péris, innocent, dit-il, ô mon amie,
» Reçois mes derniers vœux et mon dernier soupir;
» D'un époux qui t'aima, garde un long souvenir;
» On nous sépare.... Adieu. » L'épouse infortunée
Par le char qu'elle embrasse, elle-même est traînée;
On l'arrache expirante; on conduit au trépas
Ceux qu'un peuple tremblant pleure, et ne défend pas;
Ils meurent, et le ciel, qui voit trancher leur vie,
Recueille encor les vœux qu'ils font pour la patrie.

Cependant l'administration vint bientôt me distraire entièrement de la littérature, et je ne trouvai de loisirs pour les Muses qu'après avoir partagé, au 18 fructidor, la destitution des magistrats dont j'avois partagé les travaux. J'essayai alors mes forces dans le genre didactique et traduisis en vers l'*Essai sur la Critique et quelques Epitres de Pope*. Le genre austère de cet ouvrage, l'époque à laquelle il a été publié, et surtout le nom inconnu de son auteur qui n'habitoit point Paris, ne permettoient pas d'espérer qu'il eût de nombreux lecteurs. Je me propose de le revoir avec sévérité et de le rendre moins indigne des éloges qu'ont bien voulu lui donner quelques gens de lettres.

Enfin le 18 brumaire vint r'ouvrir la carrière administrative à ceux à qui le 18 fructidor l'avoit fermée. La députation du Loiret daigna se souvenir de moi, et je fus agréablement surpris d'apprendre, dans ma retraite, que j'étois présenté pour exercer les fonctions nouvellement créées de secrétaire-général de la préfecture de mon département. Quelque flatteuse que fut pour moi cette distinction, je m'empressai d'écrire à la députation pour la refuser, parce que je n'aurois pu la recevoir qu'au préjudice d'un homme estimable, dont les droits à cette place étoient plus directs que les miens. Je fus appelé à Bourges par le préfet du Cher, pour le seconder dans ses travaux, et lorsque ce même magistrat fut rapproché, sous un autre titre, de la personne du chef de l'état, celui qui, pendant sa première administration, avoit su lui inspirer quelqu'estime, trouva à Paris une place honorable auprès de ses nouveaux collègues et de lui.

Combien je fus heureux lorsque je me vis transporté dans le sanctuaire des sciences et des arts! Une tragédie que j'avois fait recevoir depuis plusieurs années, ne me parut pas digne d'être offerte aux regards du public. Comme j'aspirois à un succès durable et avoué par le goût, je conçus le projet de retracer sur la scène une de ces grandes époques de l'histoire, où l'on voit se changer presque entièrement la face du globe, et éclore du génie et de la politique d'un seul homme ces combinaisons nouvelles, dont les résultats se font sentir aux générations les plus reculées. Mais à peine avois-je commencé cette nouvelle entreprise, qu'une juste défiance de moi-même vint encore en suspendre l'exécution. Je voulus qu'un essai plus modeste me révélât et peut-être augmentât la mesure de mes forces. Passionné pour le théâtre des Grecs, je crus qu'une action simple et *homérique* auroit de l'attrait pour des spectateurs dégoûtés des productions romanesques de l'école anglaise et je pris deux scènes d'Euripide avec les noms d'Agamemnon, d'Ulysse, d'Hécube et de Polyxène, pour en composer une tragédie en trois actes, sans épisodes et sans amour. Les suffrages des gens de lettres les plus distingués m'encouragèrent à mettre au jour cet ouvrage, pour lequel je profitai du tour de représentation acquis par ma première tragédie. Avec quel soin je l'aurois renfermé dans mon porte-feuille, si j'avois pu prévoir à quel déchaînement il devoit donner lieu! Puissent les gens de lettres qui vont se présenter après moi dans cette périlleuse carrière être accueillis avec plus de décence! mais si les mêmes scènes se renouveloient, si l'intrigue s'agitoit avec le même acharnement, tout homme qui se respecte rougiroit de s'exposer à de semblables épreuves, et, en voyant les jeux de Melpomène transformés en un pugilat, sa seule ressource seroit de dire comme le vieil Entelle :

Hic cestus artemque depono. *

* Je renonce pour toujours au ceste et à mon art.

Enéid. liv. v.

PERSONNAGES.	ACTEURS.
AGAMEMNON,	M. SAINT-PRIX.
ULYSSE,	M. TALMA.
HECUBE,	Mlle. DUCHESNOIS.
POLYXENE,	Mlle. VOLNAIS.
IPHISE, dame troyenne.	Mlle. THÉNARD.
UN SOLDAT GREC.	M. DESPRÉS.
DEUX TROYENNES.	
SOLDATS.	

POLYXÈNE,

TRAGÉDIE. *

ACTE PREMIER.

Le théâtre représente les ruines de Troie et les tombeaux des princes troyens : celui d'Hector est le plus apparent. Dans l'enfoncement on voit les tentes et les vaisseaux des Grecs.

SCÈNE PREMIÈRE.

ULYSSE, seul.

Pyrrhus, que m'as-tu dit ? ô nuit terrible et sombre,
Quel secret, quel prodige est sorti de ton ombre ?
Le ciel aux Grecs enfin permet-il le retour ?......
Mais je vois éclater les premiers feux du jour ;
Pyrrhus, par mes conseils, garde encor le silence ;
Il soumet son ardeur au frein de ma prudence.
Du cœur d'Agamemnon tâchons de m'emparer ;
A servir mes desseins je veux le préparer.
Le voici..... Présentons à son âme attendrie
Ce charme si puissant de revoir la patrie.

* Les vers marqués de guillemets peuvent être supprimés à la représentation.

SCENE II.

AGAMEMNON, ULYSSE.

ULYSSE.

Ils sont enfin tombés, seigneur, ces murs fameux,
Par les dieux élevés, et défendus par eux;
La Grèce, sous vos lois, triomphe de l'Asie;
Nos bras ont renversé l'empire de Phrygie,
Et bientôt, au milieu de la destruction,
Le voyageur en vain va chercher Ilion.
Quelques pressentimens me permettent de croire
Que nos noms à jamais vivront dans la mémoire.
Oui, nos derniers neveux vous connoîtront encor,
Achille, Agamemnon, Diomède, Nestor;
J'ose à de tels guerriers associer Ulysse;
Des combats avec eux j'ai parcouru la lice.
Je ne m'en défends point; après ces longs travaux,
Je compte sur deux prix : la gloire.... et le repos.
Oh! quel bonheur pour moi de revoir mon Ithaque,
D'embrasser Pénélope et mon fils Télémaque,
Et de rentrer vainqueur dans ces mêmes états,
D'où m'exila dix ans l'affront de Ménélas!
Vous, seigneur, que surtout cette cause intéresse,
Vous, le roi de vingt rois, et le chef de la Grèce,
Jouissez dans Argos d'un tel excès d'honneur,
Et d'un affront vengé savourez la douceur.

AGAMEMNON.

Oui, seigneur, en effet, il seroit impossible
Qu'à ces prospérités mon cœur fût insensible;
Sans doute il en jouit; mais je vous l'avoûrai,
Ce cœur, comme autrefois, n'en est plus enivré;
Et, soit que le guerrier qu'irritoit une offense,
Alors qu'il est vengé, déplore sa vengeance;
Soit que le sort affreux de Priam, de sa cour,
Amène sur moi-même un douloureux retour;
De ces scènes de sang, d'horreur et de carnage,
Je ne puis effacer la trop funeste image;
Tout le bonheur d'Atride en est empoisonné.
Seigneur, je vois toujours un prince infortuné,
Que de l'autel en vain couvroit le privilége,
Tomber, en l'embrassant, sous le fer sacrilége;
Par l'avide soldat ses temples saccagés,
Dans son palais en feu ses enfans égorgés;
J'entends encor leurs cris; je vois encor la flamme
Dévorer les remparts et les tours de Pergame,
Et, pour comble d'horreur, ses nombreux habitans
Périr ensevelis sous ses débris fumans.
De tels excès, seigneur, flétriront notre gloire;
Trop de sang a souillé cette grande victoire.
Non, si l'on m'avoit cru, je n'aurois pas permis
Que l'on fût sans pitié pour de tels ennemis;
Des chefs et des soldats modérant la furie,
Roi, j'aurois d'un vieux roi voulu sauver la vie;

Je n'aurois pas souffert que son sang généreux,
Versé sur ses autels, en eût éteint les feux,
Et, dans le camp vainqueur, indignement traînées,
Ses filles et sa veuve, à servir condamnées,
N'attendroient pas du sort les odieuses lois
Qui vont donner un maître aux rejetons des rois.

ULYSSE.

Je gémis comme vous des malheurs de la guerre,
Et l'on ne m'a point vu, féroce et sanguinaire,
Par mon exemple ici, seigneur, autoriser
Des excès que la nuit n'a pu faire excuser.
Mais enfin ce n'est point sur de telles pensées
Que les âmes des Grecs doivent être fixées.
Que Pyrrhus ait vengé sur le père d'Hector
Des blessures sans nombre et qui saignent encor;
De sa persévérance à retenir Hélène
Que ce roi malheureux ait trop subi la peine;
Qu'Hécube et Polyxène, abaissant leurs grands cœurs,
Courbent un front royal sous le joug des vainqueurs;
Que l'une ait vu périr ses fils, l'autre ses frères,
Ce sont là des combats les effets ordinaires,
Et comme dans Pergame, il est dans votre Argos
Des enfans orphelins, des veuves de héros.
Bannissez donc, seigneur, une pitié funeste,
Et si de Troie encor le souvenir vous reste,
Que ce soit pour trouver des charmes plus puissans,
A revoir vos foyers abandonnés dix ans.

AGAMEMNON.

O ! que puissent les dieux, fléchis par nos hommages,
Détourner loin de nous les sinistres présages
Dont le retour des Grecs, seigneur, est menacé !
L'avenir, je le crains, vengera le passé.
Si j'en crois Apollon qui, pour se faire entendre,
Inspire quelquefois sa prêtresse Cassandre,
Je dois à mon retour, monarque infortuné,
Par le bras le plus cher, périr assassiné;
Et vous même, seigneur, oui, vous, fils de Laërte,
Par combien de périls semés pour votre perte,
Par combien de travaux n'acheterez-vous pas
Le bonheur de rentrer en roi dans vos états?
Tout des dieux contre nous annonce la colère;
Neptune est à nos vœux redevenu contraire;
Le silence des vents et le calme des eaux,
A la rive troyenne enchaînent nos vaisseaux,
Et trompant nos efforts, les voiles essayées
Sont dans les airs muets vainement déployées.

ULYSSE.

Faut-il nous étonner, seigneur, si contre nous
Eclate enfin du ciel le terrible courroux?
Les Grecs victorieux, trop occupés d'eux-mêmes,
Négligent d'appaiser, par des honneurs suprêmes,
Les mânes des guerriers à qui la loi du sort,
Dans les champs phrygiens a fait trouver la mort.
Ne rougissent-ils pas que des peuples barbares,
D'offrandes et de vœux se montrent moins avares?

Voyez ce monument, qu'au plus grand des Troyens
Bâtit la piété de ses concitoyens?
Chaque jour, si long-temps qu'a subsisté Pergame,
Mon œil, d'un sacrifice y vit briller la flamme,
Et même, maintenant que Pergame n'est plus,
Hécube y porte encor de funèbres tributs.
D'Achille cependant la tombe négligée
Par nos ingrates mains d'aucuns dons n'est chargée,
Seigneur, et d'Ilion le valeureux vainqueur,
Repose aux champs troyens, sans gloire et sans honneur.
Qui sait par quelle offrande.... ou par quelle victime
Les Grecs de leur oubli devront laver le crime?
D'Achille, chaque nuit, les mânes courroucés
Par des traits éclatans se décèlent assez;
Du fond du monument où repose sa cendre,
Des cris plaintifs et sourds souvent se font entendre;
On a vu du tombeau des flammes s'élancer,
Et la foudre en éclats vient de nous menacer.
Mais déjà, pour régler le destin des captives,
Tous nos chefs empressés s'assemblent sur ces rives;
Venez, Agamemnon, ensemble il faut agir,
Et d'un indigne oubli les faire enfin rougir.
Hâtons-nous; des Troyens je vois venir la reine
Que soutient à pas lents sa fille Polyxène;
Il faut les éviter.

AGAMEMNON.

Les éviter, seigneur!
Atride ne fuit point à l'aspect du malheur.

A nos chefs toutefois, annoncez ma présence ;
Mais si je puis d'Hécube adoucir la souffrance ,
Je veux remplir d'abord ce soin cher et sacré ,
Que les dieux à mon cœur ont eux-même inspiré.

(Ulysse sort.)

SCENE III.

AGAMEMNON, HÉCUBE, POLYXENE,
TROYENNES.

AGAMEMNON.

VOILA donc cette reine autrefois si puissante !
Superbe, elle régnoit sur les peuples du Xante ;
Captive maintenant, le front humilié,
Elle est pour ses vainqueurs un objet de pitié.

(Agamemnon se retire un moment dans sa tente.)

HÉCUBE.

O femmes d'Ilion, soutenez ma foiblesse ;
Ma fille, aidez les pas de ma lente vieillesse ;
Pour la dernière fois, que je contemple encor
Les cendres de Pergame et le tombeau d'Hector.
Au moment de subir un cruel esclavage,
Par de tristes adieux saluons ce rivage,
Où tant de souvenirs, si puissans sur mon cœur,
Même en l'entretenant, consolent ma douleur.
Voici ce sanctuaire, où nos mains triomphantes
Consacroient des vaincus les dépouilles sanglantes ;

Il n'offre plus à l'œil que d'informes débris;
Il ne retentit plus que de lugubres cris.
Je cherche vainement, au sein de ma misère,
Ce superbe palais où reine, épouse et mère,
Hécube nourrissoit tant de sujets d'orgueil:
Il est de tous les miens devenu le cercueil.
Mais quelqu'un vient à nous. Me trompé-je? est-ce Atride?
Ma fille, ah! je vois trop quel intérêt le guide.
Comme de vils troupeaux, partageant les vaincus,
On a donné des fers au sang d'Assaracus,
Et l'on vient annoncer à de tristes captives
Qu'enfin de la Troade il faut quitter les rives.
Eh bien, apprenez donc à la fille des rois
En quels lieux de sa chaîne il faut traîner le poids.
Devons-nous habiter les déserts de l'Elide,
Ou la stérile Ithaque, ou la riche Argolide?
Ah! quels qu'ils soient, les lieux sont tous indifférens
A qui descend du trône et sert sous des tyrans.

AGAMEMNON.

Non, le sort, qui signale envers vous son caprice,
N'a point permis encore une telle injustice,
Et si d'Agamemnon l'avis est écouté,
Vos malheurs, votre rang, tout sera respecté;
Hécube et ses enfans seront libres, Madame.

HÉCUBE.

Qu'entends-je? à la pitié vous ouvririez votre âme!

Les Grecs la connoîtroient! les Grecs pourroient, grands dieux,
Nous laisser la douceur de pleurer en ces lieux!
Je pourrois d'Ilion fouler encor la cendre!
On ne m'envîroit point les rives du Scamandre!
Prêtresse des tombeaux, il me seroit permis
D'évoquer sur ces bords les mânes de mes fils!
Seigneur, soyez l'appui de ma triste vieillesse;
Intéressez pour nous les princes de la Grèce:
Montrez-vous généreux après tant de fureurs:
Je pourrai vivre encore, après tant de malheurs.

AGAMEMNON.

Oui, je cours vous défendre: Agamemnon, Madame,
Va tâcher d'acquérir quelques droits sur votre âme:
Heureux si j'adoucis, à force de bienfaits,
Les maux que, par nos mains, le destin vous a faits!

(Il sort.)

SCENE IV.

HECUBE, POLYXÈNE.

POLYXÈNE.

Quoi! Madame! un rayon d'une fausse espérance
Peut-il tromper ainsi votre vive souffrance?
Les Grecs, qui devroient bien vous être mieux connus,
Sans retour ont proscrit le sang de Dardanus.
Eux, nous laisser ici! n'en croyez rien, Madame.
Ah! loin de respecter les débris de Pergame,

Les barbares qu'ils sont, ils veulent, dans ses rois,
L'écraser, s'il se peut, une seconde fois.
Quelle gloire pour eux, qu'Hécube et Polyxène,
Conduites en Ithaque, à Sparte ou dans Mycène,
Ornent le char pompeux de vainqueurs inhumains!
Aux emplois les plus vils ils réduiront nos mains;
Leurs femmes se feront de cruelles délices
De nous assujétir à d'insultans caprices:
Voilà ce que du sort nous réservent les coups;
Voilà cette pitié que les Grecs ont pour nous.
Mais d'une multitude ardente, forcenée,
N'entends-je pas au loin la clameur effrénée?
Ah! ne demeurons pas plus long-temps en ces lieux;
Dérobons-nous, Madame, à ces cris odieux.

HÉCUBE.

Le malheur, dont j'ai fait un long apprentissage,
A tout souffrir, ma fille, endurcit mon courage.
Rentrez, laissez-moi seule au milieu des tombeaux;
L'infortune y sourit à l'espoir du repos.

(Polyxène sort.)

SCENE V.

HÉCUBE seule.

Oui, d'une illusion je flattois ma misère;
Ma fille, il est trop vrai, ta déplorable mère
Succombant sous l'excès de sa juste douleur,
Va donc te voir passer au pouvoir d'un vainqueur!

Quel destin, dieux puissans, pour une infortunée
Qu'attendoit dans Pergame un si noble hyménée!
Hélas! elle est bien jeune, et doit souffrir long-temps.
Mon sort est moins affreux; ah! du moins mes vieux ans
M'annoncent que bientôt l'heureux moment arrive
Où la mère d'Hector ne sera plus captive.
O toi, mon cher Hector! objet de mon amour,
J'espérai d'Ilion tant que tu vis le jour.
Hélas! si moins d'ardeur eût transporté ton âme,
J'admirerois encor la grandeur de Pergame.
Hélène, impur fléau des miens, de mes états,
Puisse des dieux sur toi s'appesantir le bras!
Puisse des vastes mers la fureur vengeresse
Te fermer à jamais le chemin de la Grèce,
T'engloutir, et vomir sur d'arides déserts
Ce corps dont la beauté désola l'univers!
Mais Iphise paroît : son maintien, son visage,
Du malheur que j'attends sont pour moi le présage.

SCENE VI.

HÉCUBE, IPHISE.

HÉCUBE.

Ah! parle, ne crains pas d'irriter mes douleurs;
Mes yeux sont, tu le sais, accoutumés aux pleurs.

IPHISE.

Hélas!

HÉCUBE.

Les Grecs, sans doute, ont, dans cette journée,
De ma fille et de moi réglé la destinée.
Explique-toi; je puis supporter tous les coups:
N'ai-je pas vu périr mes fils et mon époux?

IPHISE.

Vos malheurs sont comblés; les Grecs, sur le rivage,
Des captives déjà disposoient le partage.
Agamemnon paroît. Rois, s'est-il écrié,
Il est beau qu'un vainqueur connoisse la pitié;
Par respect pour leur rang, d'une honteuse chaîne
N'affranchirez-vous pas Hécube et Polyxène?
Sur les rives du Xante, ah! laissez-les pleurer;
Quelle crainte Ilion nous peut-il inspirer?
Les Grecs applaudissoient; mais le cruel Ulysse,
Cet habile artisan de fraude et d'artifice,
Par un discours adroit a détruit dans les cœurs
L'intérêt qu'à l'armée inspiroient vos malheurs;
Le sort a décidé des reines de Pergame,
Et dans les fers d'Ulysse il vous place, Madame.

HÉCUBE.

Moi, dans les fers d'Ulysse! ô sort! sois satisfait,
Je n'attendois pas moins; mon opprobre est complet.
Pénélope aura donc pour esclave une reine!
Mais tu ne parles pas du sort de Polyxène,
Chère Iphise? pourquoi ce silence et ces pleurs?
Réponds-moi... je comprends. O mortelles douleurs!

Loin des yeux maternels, ma fille infortunée
Est, à porter des fers, comme moi condamnée :
L'implacable destin nous poursuit-il assez !

IPHISE.

Il vous poursuit, hélas ! plus que vous ne pensez.

HÉCUBE.

Que veux-tu dire ? achève, au nom des dieux.

IPHISE.

Madame,
De tout votre courage il faut armer votre âme.
Irrité du refus qu'il venoit d'essuier,
Mais à la loi des Grecs contraint de se plier,
S'avance hors des rangs le fier roi de Mycène.
L'urne s'agite ; il lit le nom de Polyxène.
Pyrrhus accourt soudain ; son désordre, ses cris
D'étonnement d'abord ont frappé les esprits.
— Grecs, dit-il, arrêtez ; mon père la réclame :
Polyxène est sa part du butin de Pergame.
De votre long oubli ses mânes irrités,
Veulent que par sa mort les vents soient achetés ;
Telle est du demi-dieu la volonté suprême,
Que vient de m'annoncer sa grande ombre elle-même. —

HÉCUBE.

Tous mes sens sont glacés d'épouvante et d'horreur.

IPHISE.

Le soldat est saisi d'une sainte terreur.

On s'agite en tumulte, et les chefs de la Grèce
Vont, dit-on, de vos bras arracher la princesse.

HÉCUBE.

Iphise, que dis-tu? l'arracher de mes bras,
La traîner... Ce forfait ne s'accomplira pas.
Justes Dieux, qui voyez les crimes de la terre,
Contre les assassins lancez votre tonnerre;
Défendez l'opprimé luttant seul contre tous:
Voilà, Dieux protecteurs, des soins dignes de vous.

FIN DU PREMIER ACTE.

ACTE SECOND.

SCENE PREMIERE.

HÉCUBE, POLYXÈNE.

POLYXÈNE.

Ma présence à vos maux devient-elle importune?
Vous me fuyez, ma mère ! ah ! de votre infortune
Que ma tendresse encore adoucisse les coups !
De quel nouveau malheur, hélas ! gémissez-vous?
Des pleurs que vous versez révélez le mystère.
Vous ne répondez rien ?... ne vous suis-je plus chère?
Ne suis-je plus pour vous?...

HÉCUBE.

Qu'oses-tu dire, ô ciel!
Viens, viens te reposer sur le sein maternel.
Avant qu'à mon amour ma fille soit ravie,
Dans cet embrassement, Dieux, ôtez-moi la vie.

POLYXÈNE.

Dans cet embrassement oublions nos malheurs.

HÉCUBE.

Elle me fait mourir.

POLYXÈNE.

Séchez enfin vos pleurs.

HÉCUBE.

Polydore, ô mon fils! par quel destin funeste,
Dans la Thrace égorgé...

POLYXÈNE.

Polyxène vous reste.

HÉCUBE.

Tu te trompes, ma fille, on va nous séparer.

POLYXÈNE.

Nous séparer! Grands dieux, j'ai pu, sans murmurer,
Supporter sur ces bords mes fers et ma misère;
Mes fers étoient légers, vous me laissiez ma mère.
Mais je suivrai loin d'elle un barbare vainqueur!
Le ciel n'a point encore épuisé sa rigueur!
L'une et l'autre il nous faut, par un tourment plus rude,
De la captivité subir la solitude!
Ma mère, se peut-il, je ne vous verrai plus!

HÉCUBE.

Non.

POLYXÈNE.

Vous m'appellerez de vos cris superflus!

HÉCUBE.

Hélas!

POLYXÈNE.

Vous souffrirez, et votre Polyxene
Ne pourra soulever le poids de votre chaîne!
De ses pesantes mains l'âge va vous glacer,
Et mes bras caressans ne pourront vous presser!

Commence-t-il bientôt, ce supplice barbare?

HÉCUBE.

Ma fille, en ce moment, peut-être on le prépare.

POLYXÈNE.

Mais les vents sont muets; les Grecs jusqu'à ce jour....

HÉCUBE.

Les Grecs savent comment on obtient leur retour.
Ulysse!... je me meurs...

SCENE II.

HECUBE, POLYXÈNE, ULYSSE, SOLDATS.

ULYSSE, à Hécube.

Vous êtes informée
Du redoutable arrêt qu'a prononcé l'armée;
Un sang qui vous est cher, répandu sous nos coups,
Doit du terrible Achille appaiser le courroux....

POLYXÈNE.

Voilà donc le secret que me cachoit ma mère,
Et ce que du destin vous gardoit la colère!
O reine malheureuse! à quel sort vous réduit
L'implacable rigueur du Dieu qui vous poursuit!
Ma mère, on ne veut pas qu'avec vous je partage
Les maux de la vieillesse et ceux de l'esclavage!
De vos tremblantes mains vous m'allez voir ravir,
Et la fureur des Grecs va sur moi s'assouvir!

Vous seule à ma tendresse arrachez cette plainte;
J'envisage la mort sans douleur et sans crainte.
Ce n'est pas qu'étalant un courage affecté,
J'oppose à mon trépas l'insensibilité.
Mais puisque j'ai perdu père, frères, couronne,
Puisque du deuil partout l'image m'environne,
Puisque dans l'esclavage il me faudroit souffrir,
Je suis la sœur d'Hector, et je saurai mourir.

HÉCUBE.

Ulysse, écoutez-moi, vous le devez peut-être;
Souffrez qu'une captive interroge son maître.
Vous souvient-il du jour où, dans nos murs surpris,
La mort vous entouroit et glaçoit vos esprits?
Mon nom erroit alors sur vos lèvres tremblantes;
Vous pressiez mes genoux de vos mains suppliantes:
J'étois, me disiez-vous, maîtresse de vos jours.
Je l'étois; qu'ai-je fait?

ULYSSE.

Il m'en souvient toujours;
D'un ennemi sans arme écoutant la prière,
Hécube m'a des cieux conservé la lumière.
Oui, de votre pitié ma vie est un bienfait.

HÉCUBE.

Vous l'entendez, grands Dieux, cet aveu qu'il me fait!
Ma crédule bonté sauva les jours d'Ulysse,
Et l'ingrat, de ma fille il presse le supplice!

Il a soif de mon sang! Mais pourquoi l'immoler,
Dites; quel est le dieu que vous faites parler?
Achille courroucé demande une victime!
Eh! qu'a fait Polyxène et quel est donc son crime?
Elle n'a point trempé dans les lâches complots
Qui tranchèrent les jours de ce jeune héros.
Ah! s'il faut à son ombre une victime humaine,
Le choix n'est pas douteux, sacrifiez Hélène;
Vous vengerez ensemble et vos maux et les miens:
Son sang satisfera les Grecs et les Troyens.
L'épouse de Pâris est seule criminelle.
Ah! ne repoussez pas ma douleur maternelle,
Seigneur; c'est à mon tour d'embrasser vos genoux:
Ayez pitié d'Hécube, elle eut pitié de vous.
C'est assez du trépas de toute ma famille,
De mes débiles mains n'arrachez point ma fille.
« Mon cœur, par elle encore, au repos est rendu;
» Polyxène est pour moi tout ce que j'ai perdu.
» Compagne de mes maux, appui de ma vieillesse,
» Tout mon bonheur passé renaît dans sa tendresse. »
Ah! de votre pouvoir gardez-vous d'abuser;
Le sort se lassera de vous favoriser.
Quel vainqueur peut compter sur un succès durable?
Voyez, j'étois heureuse, et je suis misérable.
Je m'enorgueillissois de ma vaine grandeur;
Un jour a renversé tout ce frêle bonheur.
Hécube est votre amie et votre suppliante;
De ces titres, sur vous que la voix soit puissante.

Retournez vers les Grecs, que votre humanité
Les fasse enfin rougir de tant de cruauté.
Dites qu'il est affreux que leur fureur tardive
Sur les autels sacrés égorge une captive
De qui, dans le désordre et l'horreur des combats,
Le sang n'a point coulé sous le fer des soldats.
Priez, intéressez ; votre sage éloquence
Eut toujours sur les Grecs une entière puissance.

ULYSSE.

Ne voyez point en moi l'un de vos ennemis.
De vos cruels malheurs, madame, je gémis ;
J'ai de votre bienfait conservé la mémoire ;
Mais je ne puis des Grecs vous immoler la gloire.
Puis-je leur proposer de laisser sans honneurs
Les mânes du héros qui les rendit vainqueurs?
Achille a demandé le sang de Polyxène ;
Il le doit obtenir. S'il exigeoit Hélène,
J'irois, en l'arrachant des mains de Ménélas,
La remettre moi-même en celles de Calchas.
Les dieux sont irrités : par de grands sacrifices
Il est temps que les Grecs se les rendent propices,
Et que dans leurs tombeaux les mânes appaisés
Nous ramènent les vents qui nous sont refusés.

HÉCUBE.

Les dieux sont irrités ! O temples de Phrygie,
Détruits et saccagés par un vainqueur impie,

Autels qu'ont profanés des soldats furieux,
Dites-lui quels forfaits ont irrité les dieux !
Et vous, tombeaux, et vous, dont les saints priviléges
Ont été violés par des mains sacriléges,
Ne soyez plus muets; à la Grèce apprenez
Pourquoi les morts ici gémissent indignés.
Sous le fer des bourreaux lorsque ta sœur succombe,
Hector, pour la sauver sors aussi de la tombe,
Et qu'Ulysse, frappé de crainte et de respect,
Une seconde fois recule à ton aspect.
« Si le fils de Téthis veut poursuivre sa proie,
» Vous combattrez encor devant les murs de Troie,
» Et peut-être les dieux, las de se partager,
» S'uniront-ils pour nous dans ce nouveau danger. »
Mais Hector et les dieux, et le fils de Laerte,
Tout est sourd à mes cris, tout conspire ma perte;
En discours impuissans s'exhale ma douleur. *
Grecs, s'il vous faut d'Achille appaiser la fureur,

* J'ai été obligé d'abréger beaucoup à la représentation cette scène si touchante dans Euripide, de qui elle est presque littéralement traduite. Je crois devoir rétablir ici le morceau que j'ai retranché; quelques personnes peut-être seront bien aises de lire la scène telle qu'elle a été conçue par le poëte grec.

Mes discours impuissans se perdent dans les airs.
Ma fille, par pitié, si mes jours te sont chers,
Pour détourner de toi cet affreux sacrifice,
Tombe en pleurs aux genoux de l'insensible Ulysse.
Il est père, et déjà je le vois s'attendrir;
Tes larmes, tes accens vont enfin le fléchir.

Que dans ce flanc plutôt elle soit assouvie ;
Dans ce flanc malheureux Pâris puisa la vie,
Frappez, et du guerrier qu'il perça de ses traits,
Appaisez, par ma mort, les mânes satisfaits.

ULYSSE, montrant Polyxène.

Achille veut son sang, madame, et non le vôtre.

HÉCUBE.

Eh bien, sur son tombeau répandez l'un et l'autre,
Qu'une double victime appaise son courroux.

ULYSSE.

C'est assez qu'une seule expire sous nos coups;
Et que n'a pu des dieux le décret moins sévère,
Permettre que sa mort ne fut pas nécessaire!

N'écoute pas, ma fille, une fierté funeste,
Tes jours sont, tu le sais, le seul bien qui me reste.

POLYXENE.

Ulysse craint mes pleurs, il détourne les yeux;
Il craint que, pour surprendre un sentiment pieux,
Ma suppliante main ne s'attache à la sienne;
Qu'Ulysse se rassure, une femme troyenne
De la nécessité saura subir la loi;
La mort qu'on me destine est un bienfait pour moi.
Pourquoi voudrois-je vivre? Au sein de la puissance,
Dans la pourpre des rois, j'ai reçu la naissance;
J'ai vu, tout conspiroit alors à mon bonheur,
Vingt rivaux couronnés se disputer mon cœur.
L'hymen d'un grand monarque attendoit Polyxène;
Que dis-je? ici déjà dans ma cour j'étois reine,
Et j'aurois des dieux même eu la félicité,
S'ils avoient à leurs dons joint l'immortalité.

HÉCUBE.

Non, non, avec sa sa fille Hécube veut mourir.

ULYSSE.

Hécube n'est plus libre, Hécube doit souffrir.

HÉCUBE.

Qui pourroit de mes bras arracher Polyxène?

ULYSSE.

La force : obéissez, la résistance est vaine.

POLYXÈNE.

Ecoutez-moi, madame, et vous, daignez, seigneur,
D'une mère, un moment, respecter la douleur.

Maintenant, ô revers, affreuse ignominie !
Polyxène est esclave ! . . . Abandonnons la vie.
Peut-être, pour grossir son avare trésor,
Un maître, à prix d'argent, voudroit la sœur d'Hector;
Mourons, n'attendons pas qu'au sein de la bassesse,
Du sang qui coule en moi se perde la noblesse,
Et qu'un esclave abject, abusant de ses droits,
Déshonore mon lit qu'ont espéré des rois.

à Ulysse.

Venez donc, à l'autel menez votre victime.

à Hécube.

Vous, ne combattez point un désir légitime,
Ma mère, par vos pleurs au lieu de m'affoiblir,
Permettez que je meure avant de m'avilir,
Et que le fer sacré promptement me délivre
De l'affront d'être esclave et du tourment de vivre.

HÉCUBE.

Sa magnanimité redouble ma douleur.
Grecs, s'il vous faut d'Achille appaiser la fureur, etc.

(à Hécube.)

Dans cette lutte, hélas! quelle est votre espérance,
Ma mère? Il en est temps, cédez à la puissance.
Eh! quoi, voulez-vous voir de farouches soldats
M'arrachant sans pitié de vos débiles bras,
Maltraiter, outrager le rang et la vieillesse?
Que vos embrassemens consolent ma tendresse;
Ouvrez-moi votre sein, recevez mes adieux;
Vivez, je vais mourir.

HÉCUBE.

Impitoyables dieux!
Enfin, c'en est assez, terminez ma misère.

POLYXÈNE.

Que dirai-je à Priam, au grand Hector, mon frère?

HÉCUBE.

Dis-leur que je succombe à l'excès du malheur.

POLYXÈNE.

O sein qui m'as nourrie! ô tendresse! ô douleur!
Ulysse, je vous suis, votre victime est prête;
Du voile révéré que l'on couvre ma tête.

(à Ulysse.)

Adieu, ma mère, adieu. Seigneur, éloignons-nous.

ULYSSE.

Soldats, conduisez-la.

SCENE III.

LES PRECÉDENS, AGAMEMNON.

AGAMEMNON.

Soldats, que faites-vous?

ULYSSE.

Polyxène est aux Grecs, et le fils de Pélée
Ordonne qu'à son ombre elle soit immolée.

AGAMEMNON.

Polyxène est à moi, seul j'en puis disposer.

ULYSSE.

A Pyrrhus, qui l'attend, l'osez-vous refuser?

AGAMEMNON.

J'ose tout contre qui méconnoît ma puissance.

HÉCUBE à Agamemnon.

Ah! seigneur, sauvez-la; protégez l'innocence;
Contre des inhumains, de mon sang altérés,
J'implore à vos genoux les droits les plus sacrés.

AGAMEMNON.

Rentrez, ne craignez rien ni des Grecs ni d'Achille;
(montrant sa tente.)
Nul mortel n'oseroit violer cet asile.

POLYXÈNE à Agamemnon.

De mon trépas en vain vous suspendez les coups.

HÉCUBE.

Viens, le ciel peut encor se déclarer pour nous.

SCENE IV.

AGAMEMNON, ULYSSE.

ULYSSE.

Seigneur, j'ai réprimé, pour l'honneur de l'armée,
Le courroux dont mon âme a droit d'être enflammée;
Au mépris de mes droits, je souffre même encor,
Qu'on dispose à mes yeux de la mère d'Hector;
J'aurois trop à rougir si, devant leurs captives,
Les Grecs de leurs débats troubloient encor ces rives,
Et vengeoient les malheurs des femmes d'Ilion
Par les emportemens de la sédition;
Mais je puis maintenant faire éclater sans crime
De l'indignation le transport légitime,
Et, sans porter atteinte au rang d'Agamemnon,
D'un refus étonnant lui demander raison.
Je ne reconnois point, seigneur, à sa conduite,
Le roi qui de la Grèce a commandé l'élite,
Ou plutôt, si je puis m'expliquer librement,
Je reconnois Atride à son ressentiment:
Il voudroit, contre Achille armant encor sa haine,
Ainsi que Briséis, lui ravir Polyxène.
S'il avoit un peu moins pour lui d'inimitié,
Agamemnon pour elle auroit moins de pitié.
Mais il faut qu'un grand cœur à son pays immole
Des torts qu'il éprouva le souvenir frivole.

Songez quel fut Achille ; au delà du trépas
Que votre vain courroux ne le poursuive pas.
Celui qui, remplissant ses hautes destinées,
A préféré la gloire à de longues années ;
Celui qui, se rendant sous les murs d'Ilion,
En courant, a vaincu Téléphe, Eëtion,
A conquis Ténédos et Lesbos et la Thrace,
De la superbe Thèbe a su punir l'audace,
Et qui, pour rappeler d'un seul mot tous ses droits,
Dans les murs de Pergame a fait entrer nos rois,
Vous l'avoûrez, seigneur, un tel guerrier, je pense,
Peut des Grecs espérer quelque reconnoissance,
Et ce n'est pas en vain que son ombre en courroux
Nous aura révélé ce qu'elle attend de nous.

AGAMEMNON.

L'inimitié, seigneur, n'est point ce qui me guide ;
Rendez plus de justice aux sentimens d'Atride.
Sans doute il fut un temps où, d'un farouche orgueil,
(Du pouvoir absolu trop ordinaire écueil)
Le cœur d'Agamemnon ne sut pas se défendre ;
Mais Priam égorgé, mais Ilion en cendre,
Mais Hécube captive, ont changé mes esprits.
Des grandeurs maintenant je mesure le prix ;
Je vois leur frêle éclat ; j'apprends par la victoire
Combien un seul moment peut renverser de gloire.
Il ne faut pas toujours, pour perdre les états,
Mille vaisseaux, seigneur, et dix ans de combats ;

Un seul jour peut suffire : un jour, une heure même
Peut, du front d'un monarque, ôter le diadême,
Immoler la prudence aux caprices du sort,
Et devant le plus foible abaisser le plus fort.
De ces grandes leçons je sens trop l'importance,
Et quoique avec justice, et sans vaine arrogance,
Je pusse retenir le prix de mes exploits,
Et ne me laisser pas dépouiller tant de fois,
Qu'Achille encor vivant demandât Polyxène,
Atride à son amour la céderoit sans peine;
Mais que pour hécatombe un sang pur soit versé,
Seigneur, ce sacrifice est atroce, insensé;
« Croit-on que d'un héros l'ombre en soit honorée?

ULYSSE.

» Il attend sa vengeance, on l'a trop différée.
» Son repos est troublé par un si long oubli.

AGAMEMNON.

» Son repos ! non, seigneur : notre sort est rempli
» Du jour où le trépas, fermant notre paupière,
» Des cieux, sans nul retour, nous ravit la lumière;
» Et Minos, quand par lui tout mortel est jugé,
» Demande s'il fut juste, et non s'il fut vengé. »

ULYSSE.

Mais si vous dépouillez ce fils de la victoire,
Quel prix de tant d'exploits lui restera?

AGAMEMNON.

Sa gloire;

Et malheur au guerrier qui, d'autres biens épris,
Ne se montreroit pas satisfait à ce prix.

ULYSSE.

Les Grecs, vous le savez, doivent, d'un vent propice,
Acheter le retour par un grand sacrifice.
« Vers nos états, après un siége de dix ans,
» Si les chemins encor nous sont fermés long-temps,
» C'est en vain que les murs de la superbe Troie
» Des feux lancés par nous sont devenus la proie;
» Sur nos propres lauriers nous répandons des pleurs,
» Et le sol des vaincus dévore les vainqueurs.

AGAMEMNON.

» Je ne croirai jamais le ciel assez barbare
» Pour qu'à ce prix sur nous sa faveur se déclare;
» Mais loin de nos foyers, dussions-nous du malheur
» Subir encor dix ans l'implacable fureur,
» J'aimerois mieux languir éloigné de Mycène,
» Que devoir mon retour au sang de Polyxène. »

ULYSSE.

Vous fûtes plus docile aux volontés des dieux,
Quand votre propre sang fut demandé par eux.
Agamemnon, sans doute, eut moins de barbarie,
En livrant à Calchas sa fille Iphigénie;
Ce titre si pompeux, ce nom de roi des rois,
Valoit bien que du sang il étouffât la voix;
Mais quand il ne s'agit que de sauver la Grèce,
Pour des captifs alors sa pitié s'intéresse.

Le sang qu'il prodigua, c'étoit le sang des siens,
Et celui qu'il ménage est le sang des Troyens.

AGAMEMNON.

Vos perfides conseils, il est vrai, m'égarèrent;
Mais contre vous bientôt les dieux se déclarèrent:
Ils sauvèrent ma fille, et c'est un soin pieux
Que d'imiter enfin la clémence des Dieux.
Oui, le jour qu'à l'autel dévoilant mon visage,
Je vis notre salut descendre d'un nuage,
Je jurai d'empêcher tout sacrifice humain;
Je jurai, mon serment ne sauroit être vain.

ULYSSE.

Par vos refus ainsi vous trahissez la Grèce.

AGAMEMNON.

Je la trahirois plus par ma lâche foiblesse.

ULYSSE.

Craignez que contre vous le soldat révolté
N'ose enfin se soustraire à votre autorité.

AGAMEMNON.

Atride, qui sait mal supporter la menace,
Peut des séditieux punir encor l'audace;
Et les Grecs, qu'à l'instant ma voix va convoquer,
Entre leur chef et vous vont enfin s'expliquer.
(Il sort.)

ULYSSE.

(à part.)

Je vous suis. S'il le faut, employons l'artifice:
Sauver encor les Grecs est le destin d'Ulysse.

FIN DU SECOND ACTE.

ACTE TROISIEME.

SCENE PREMIERE.

POLYXÈNE seule.

A la discorde ainsi nos vainqueurs sont en proie!
Dieux qui les divisez vous voulez venger Troie.
O! qu'à mes tristes yeux ce tableau seroit doux,
De voir les Grecs périr, et par leurs propres coups!
Quel bonheur, si, des feux qui brûlèrent Pergame,
Dans leur camp révolté se rallumoit la flamme!
Si tous ces grands débris, soulevés à la fois,
Les alloient écraser sous leur énorme poids,
Et si Priam vengé sourioit dans sa tombe,
A l'aspect consolant d'un pareil hécatombe!
Grecs, si ma mort sur vous doit attirer ces maux,
Frappez : je vais moi-même au-devant des bourreaux.
Mais tant de gloire, hélas! ne m'est pas réservée;
Des plus cruels affronts Polyxène abreuvée,
Bien loin que son trépas soit funeste aux vainqueurs.
Doit, au prix de son sang, terminer leurs malheurs.
Cette mort, je le sens, cette mort est affreuse.

SCENE II.

POLYXÈNE, HÉCUBE, IPHISE.

IPHISE à Hécube.

Ecartez de vos maux l'image douloureuse ;
Calmez, au nom des Dieux, vos esprits agités.

HÉCUBE.

Ma fille à l'instant même étoit à mes côtés ;
(L'apercevant.)
Je ne vois plus ma fille... O chère Polyxène !
Quel motif, loin de moi, quel sentiment t'entraîne ?
Au sommeil un moment ma paupière a cédé ;
J'ai vu Pyrrhus soudain, par la fureur guidé,
Qui, t'arrachant des bras de ta tremblante mère,
Te traînoit expirante au tombeau de son père.
J'ai vu se balancer le glaive dans sa main,
Et le cruel trois fois le plonger dans ton sein.
Je frissonne, et m'éveille, et d'horreur agitée,
J'appelle Polyxène, et tu m'avois quittée !
Je l'avoûrai, j'ai cru, dans cet affreux moment,
A la réalité de mon pressentiment ;
J'ai cru... mais je te vois, ma fille m'est rendue.
Ah ! que sur toi toujours je repose ma vue !
Mon cœur, jusqu'à présent, ne sentoit pas assez
Quels biens dans ton amour les Dieux m'avoient laissés.
La nuit sur nous encore étend son voile sombre ;
Un Grec marche vers nous à la faveur de l'ombre :

Son regard semble errer inquiet, incertain.
Ce Grec, qui peut-il être, et quel est son dessein ?
Rentrons, un juste effroi s'empare de mon âme ;
Rentrons.

SCENE III.

HECUBE, POLYXÈNE, IPHISE, UN SOLDAT GREC.

LE SOLDAT.

A mon aspect ne fuyez point, Madame ;
Vous voyez un soldat qui, s'il respire encor,
Doit le jour qui l'éclaire à la pitié d'Hector :
Vers vous secrètement Agamemnon m'envoie.

HÉCUBE.

Eh bien, de son appui que faut-il que je croie ?

LE SOLDAT.

Il plaint vos maux, il veut en adoucir l'horreur ;
Mais la religion se joint à la fureur
Pour combattre le vœu de son cœur magnanime.
L'armée, envers les dieux, croiroit commettre un crime,
Si le sang, par Achille aujourd'hui demandé,
N'étoit aujourd'hui même à son ombre accordé.
Dans les décrets des dieux, sans aspirer à lire,
Je suis les mouvemens que la pitié m'inspire ;
J'obéis à mon roi, dont le noble secours
De la princesse encor pourra sauver les jours.
Par mes soins empressés sa fuite est assurée :
Une barque en secret près d'ici préparée,

Sur un rivage ami va conduire vos pas.
Fiez-vous à mes soins; venez, ne craignez pas :
Du sang qui coule en moi si la source est commune,
Les dieux m'ont fait le cœur plus grand que ma fortune.

HÉCUBE.

O ciel! récompensez ce généreux soldat;
Il est reconnoissant, quand Ulysse est ingrat;
Il est reconnoissant, quand de notre misère
Un stérile avenir est tout ce qu'il espère.
Eh bien donc, puisqu'il faut me séparer de toi,
Puisque telle est du sort l'irrévocable loi,
Adieu, ma fille, adieu; tout l'amour de ta mère,
Tous ses vœux te suivront sur la rive étrangère,
Qui, contre un attentat, va protéger tes jours.
Ce triste exil pourra ne pas durer toujours;
Peut-être, quand la mort finira ma carrière,
Te sera-t-il permis de fermer ma paupière :
Oui, les Grecs, écoutant des sentimens plus doux,
Rougiront des fureurs qu'ils exercent sur nous.

POLYXÈNE.

Moi, fuir! eh! dans quels lieux pourrois je, hélas! ma mère,
Cacher en sûreté ma honte et ma misère?
D'un des rois de la Grèce implorant la pitié,
Irai-je offrir ma tête à son inimitié?
Irai-je, dans l'Asie, errant de ville en ville,
Chez un prince allié mendier un asile?

Lâchement immolé, Polydore fait voir
Quelle hospitalité je dois en recevoir.
Non, ma mère, à mes pas toute terre est fermée;
Ma place est aux enfers. Par l'honneur animée,
Je veux avec fierté descendre chez Pluton,
Digne encore de vous, d'Hector et d'Ilion.
Soldat, dis à ton roi qu'en ce moment terrible
A ses nobles bienfaits Polyxène est sensible,
Mais que les accepter n'est pas en mon pouvoir,
Et que jusqu'à la fin je ferai mon devoir.

HÉCUBE.

Le plus saint des devoirs est de sauver ta mère;
Je meurs si tu péris. Je crus, dans ma misère,
Que j'avois épuisé la coupe des douleurs;
(Montrant Polyxène.)
Mais non; sa dureté manquoit à mes malheurs.
Ah! c'est trop différer dans ce péril extrême;
Ma fille, je le veux, partez à l'instant même,
Ou, dans le camp des Grecs, prompte à vous devancer,
Du fer qui vous attend je vole me percer.
Décidez maintenant ce que vous devez faire.
Mais les momens sont chers; exauce ma prière:
Faut-il, pour te fléchir, embrasser tes genoux?
Mon triomphe, à ce prix, ma fille, sera doux.

POLYXÈNE.

Ah! c'en est trop enfin, vous l'emportez, madame.
Que vous puis-je opposer? Vous déchirez mon âme.

(Au soldat.)

Quoi qu'il arrive, allons, et suivons, sans tarder,
Le rivage où vos pas sont prêts à me guider.
Pour la dernière fois, embrassons-nous, ma mère.

HÉCUBE.

Non, les dieux me rendront une fille si chère.
Que ne peut ma vieillesse accompagner leurs pas?

SCENE IV.

HÉCUBE, seule.

Dieux qui nous protégez, ne vous démentez pas;
S'il en est parmi vous qui d'une antique offense
Aient dû sur Ilion poursuivre la vengeance,
Du superbe Ilion les murs sont renversés;
Ses rois sont au tombeau; n'est-ce donc point assez?
Sur un rejeton foible et battu par l'orage
Faudra-t-il que la haine exerce encor sa rage?
Tant de fureur, grands dieux, est indigne de vous!
La pitié doit enfin succéder au courroux;
Vous voudrez, au trépas en arrachant ma fille,
Des héros phrygiens ranimer la famille.

SCENE V.

HECUBE, AGAMEMNON.

HÉCUBE.

Ah ! seigneur, quels tributs je dois à vos bienfaits !
Votre vertu prévient le plus noir des forfaits ;
Les dieux parlent en vain ; c'est en vain que l'armée
Est contre Polyxène en tumulte animée ;
En vain Pyrrhus éclate en transports furieux ;
Vous triomphez des Grecs, de Pyrrhus et des dieux ;
M'acquitter envers vous n'est pas en ma puissance,
Et je charge le ciel de ma reconnoissance.

AGAMEMNON.

Comment de vos malheurs n'aurois-je pas gémi ?
Pour des jours précieux, comme vous j'ai frémi,
Vos tourmens sont les miens : dans ces débats, madame,
De tendres souvenirs ont agité mon âme ;
Pour la nature en pleurs mes discours ont plaidé,
Et quiconque étoit père, à ma voix a cédé.
Que Calchas, s'il le faut, dans le sang des génisses,
Recherche avidemment des oracles propices ;
Au sacrificateur un crime est épargné ;
Son bras dans votre sang ne sera point baigné ;
Je viens vous apporter ces heureuses nouvelles.

HÉCUBE.

Que je mouille vos mains de larmes maternelles,

Seigneur ! De vos bienfaits laissez-moi respirer ;
La malheureuse Hécube osoit moins espérer.
Mais puisqu'il est ainsi, la fuite est inutile ;
Sur des bords étrangers ne cherchons plus d'asile ;
Ce guide généreux par vous-même adressé.....

AGAMEMNON.

J'ignore....

HÉCUBE.

Quoi ! seigneur, tout mon sang s'est glacé.
Seroit-ce un traître ? oh ! non, ce crime est impossible ;
A mon cruel malheur il s'est montré sensible,
J'ai même vu des pleurs s'échapper de ses yeux.
Courons, éclaircissons..... Mais on vient en ces lieux ;
C'est Iphise....

SCENE VI.

LES PRECÉDENS, IPHISE.

HÉCUBE.

Dis-moi, qu'as-tu fait de ma fille ?

IPHISE.

O des rois d'Ilion malheureuse famille !
O céleste courroux que rien ne peut lasser !

HÉCUBE.

Je frémis.... Quel malheur vient-elle m'annoncer ?

IPHISE.

Le plus affreux de tous. Notre guide en silence
Sembloit de l'ennemi tromper la vigilance ;

Par des détours secrets il nous faisoit marcher ;
Des tentes de Pyrrhus je le vis s'approcher ;
Soudain paroît Ulysse ; et le soldat, ô crime !
S'avance en s'écriant : j'amène la victime.

AGAMEMNON.

Je reconnois Ulysse à ce crime odieux.

HÉCUBE.

Iphise, un voile épais est tombé sur mes yeux ;
Et c'est moi, moi, ma fille.... Ah ! je l'ai cru sincère,
Il invoquoit Hector, il plaignoit ma misère ;
C'est ainsi que Priam fut trompé par Sinon,
Et périr par la fourbe est le sort d'Ilion.

IPHISE.

De farouches soldats, soudain environnée,
Aux tentes de Pyrrhus Polyxène est traînée.
Pyrrhus, à ses regards en la voyant s'offrir,
Frappé de sa beauté, craignoit de s'attendrir ;
Il court, il la devance au tombeau de son père.
Là, ce cruel guerrier retrouve sa colère.
Bientôt, près du tombeau, Polyxène à genoux :
Guerrier, frappe mon sein, je l'expose à tes coups,
Dit-elle. Pyrrhus frappe ; elle tombe, elle expire.
Sa mort change les cœurs ; on la plaint, on l'admire :
Par un sort si cruel chacun se sent toucher,
Et mille mains déjà lui dressent un bûcher,

Comme s'il suffisoit, pour réparer le crime,
Qu'un funèbre appareil honore la victime !

AGAMEMNON.

On peut venger du moins ce forfait, et j'y cours.

(Il sort.)

SCENE VII ET DERNIÈRE.

HECUBE, IPHISE.

HÉCUBE.

Les dieux marquent enfin le terme de mes jours,
Vous tous qu'aux sombres bords a retrouvés ma fille,
O Priam ! ô mes fils ! déplorable famille !
Le vainqueur qui m'attend me dit de vous quitter ;
Mais vous m'ouvrez vos bras, et je cours m'y jeter ;
Des Grecs prêts à partir j'entends les cris de joie ;

(Hécube se tue.)

Ulysse, en cet état, viens emporter ta proie.

FIN.